中华

优秀传统文化

Youxiu Chuantong Wenhua

主编：卢永宏　吴明渠

国际版·第一级

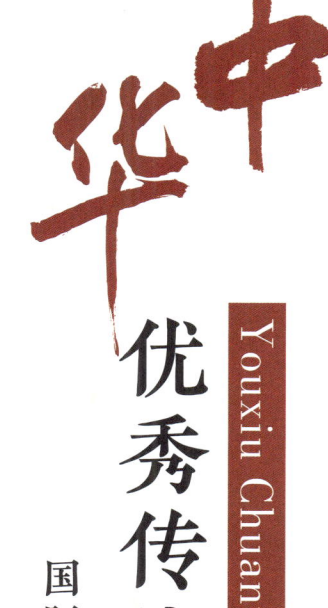

中国华侨出版社

·北京·

图书在版编目（CIP）数据

中华优秀传统文化：国际版. 第一级 / 卢永宏，吴明渠主编. — 北京：中国华侨出版社，2021. 5

ISBN 978-7-5113-8232-0

Ⅰ. ①中… Ⅱ. ①卢… ②吴… Ⅲ. ①中华文化—通俗读物 Ⅳ. ①K203-49

中国版本图书馆CIP数据核字（2020）第 121211 号

● **中华优秀传统文化：国际版. 第一级**

主　　编 / 卢永宏　吴明渠

责任编辑 / 高文喆　桑梦娟

封面设计 / 张雪梅

经　　销 / 新华书店

开　　本 / 787 毫米 × 1092 毫米　　1/16　　印张/ 6.5　　字数/ 68 千字

印　　刷 / 北京天正元印务有限公司

版　　次 / 2021 年 5 月第 1 版　　2021 年 5 月第 1 次印刷

书　　号 / ISBN 978-7-5113-8232-0

定　　价 / 28. 00 元

中国华侨出版社　　北京市朝阳区西坝河东里77号楼底商5号　　邮编：100028

法律顾问：陈鹰律师事务所

发 行 部：（010）64443051　　传　真：（010）64439708

网　　址：www. oveaschin. com　　E-mail：oveaschin@sina. com

如发现印装质量问题，影响阅读，请与印刷厂联系调换。

丛书编委会

顾　　问：罗晓辉　　陈来安（马来西亚）

主　　编：吴明渠

副 主 编：袁　文　　薛　涓　　杨　柳　　廖荣超　　吴天宇

本书编写组

主　　编：卢永宏　　吴明渠

副 主 编：晋　桔　　黄晓燕　　何传福　　沈光虎

编写人员：杨　磊　　赵兴蓉　　李　琼　　白晓岗　　张红梅　　谢惠兰

　　　　　彭静雯　　黄平鸿　　罗　茜　　陈周民　　龙廷海　　李薇娟

　　　　　周春蕾　　陈　娟　　蒲华蓉　　陈光艳　　李坤怡　　彭　涛

　　　　　程志宏　　曾　丹

绘　　图：简　林　　白　茹

前　言

中华文明是世界上最古老的文明之一，是人类历史上唯一一个绵延 5000 多年至今未曾中断的灿烂文明。为弘扬中华优秀传统文化，我们立足于海外读者的特殊情况和需要，精心选择内容、设计框架，编撰了"中华优秀传统文化·国际版"丛书，丛书具体有以下特点。

一、体系新颖，内容全面

整套丛书共六册。按难易程度划分为六个等级，一册书为一级。每册书又分为 16 章，每四章为一个主题。每章内容固定，包括"国学知识""美德故事""经典诵读""通关检测"四大版块。

1. 国学知识

了解是热爱的前提。我们在每一章给读者介绍一个或一类中华优秀传统文化的内容，具体包括中国风俗、风土、风景、风貌、物产、物品、人物、事件等。分为"神州大地""华夏名人""中华文明""九州风物"四个版块，包含了丰富有趣的传统文化知识，可以说是一个小小的中华优秀传统文化百科知识库。

2. 美德故事

中华传统美德是中华文化的重要内涵。中华文化中，尤其重视对人德行的培养。"德"是指意志品德，"行"是指言行举止。本套丛书中，我们从中华传统美德的内核中提炼出 24 个主题，每个主题分别安排四个有趣的故事，利用故事让读者潜移默化地感受和了解中华美德的魅力。

3.经典诵读

在这个版块，我们选择适合海外读者诵读的、浅显且经典的诗文：第一级和第二级各有 16 首古诗。第三级为中国神话故事、寓言故事和历史典故。第四级为歇后语、谚语。第五级为《论语》名句积累，第六级为除《论语》以外的"四书五经"名句积累。这些内容将极大地丰富读者的中华文学经典积累。

4.通关检测

通关检测则是对各章学习内容的一个检测，也是需要读者重点掌握的内容。

二、形式活泼多样，激发读者学习热情

1.巧设评价，让学习有章可循

"通关检测"，设计了"猜一猜""填一填""连一连"等有趣的活动，对学过的知识进行复习回顾，实现迁移运用，把知识积累与能力培养相结合。

2.增设故事、典故，增强阅读趣味性

故事，是大部分读者最喜欢的阅读形式，整套书有 100 多个有趣的小故事。大量的故事，增强了这套书的可读性、趣味性。

3.抓住读者心理，设计温馨细节

这套书最大的一个亮点就是全书设计了 200 多个"剪贴板"，这些"剪贴板"既能对主体内容进行补充，又能更好地帮助读者理解内容。这些"剪贴板"形式多样，有提问，有方法，有总结，起到激发兴趣，促进学习的作用。

除了精美的插图，我们还温馨地设计了页码娃娃：单数页是男娃娃在左，双数页是女娃娃在右。契合了男单女双、男左女右的中华传统文化理念，活泼的形象更是受到孩子们的热烈欢迎。

此外，我们还在每册书最后增设了附录，补充了近 300 个各类传统文化知识，让学有余力的读者能获取更多的中华优秀传统文化知识，更加丰富读者的文化积淀。

中华优秀传统文化源远流长、博大精深，让中华文化走向世界舞台，促进世界多元文化交流互鉴，这是我们共同的心愿。

目　录

第一章

　　中国的领土辽阔，中华大地上遍布名山大川。因为地理位置、气候条件的不同，这些名山大川展现出或雄伟、或秀丽、或壮观、或险峻的千姿百态。

初识中国

　　中国位于亚洲东部、太平洋的西岸，是世界四大文明古国之一，有着五千年悠久的历史。中国的全称是"中华人民共和国"。国旗是五星红旗，国歌是《义勇军进行曲》，首都在北京。中国是多民族国家，有 56 个民族。中国人又自称为"炎黄子孙""龙的传人"。中国拥有辽阔的土地，陆地面积约 960 万平方千米，是世界国土面积第三大的国家。中国有 34 个省级行政区，包括 23 个省、5 个自治区、4 个直辖市、2 个特别行政区。

　　如果你仔细观察中国地图，你会发现，中国地图的形状像一只屹立在世界东方的雄鸡。

诚信，是日常生活中行为的诚实和正式交流的信用的统称，是待人处事真诚、讲信用的表现。中国人一直把诚信作为做人的根本，《论语》中也说："人而无信，不知其可也。"

曾子杀猪

中国古时候有个著名的思想家叫曾子。有一天，曾子的妻子要到市场上去，她的儿子要跟着一起去，一边走，一边哭。妈妈就对儿子说："你回去，等我回来以后，杀猪给你吃。"

妻子从市场回来了，看见曾子要捉猪来杀，妻子赶快拦住他说："那不过是跟小孩子说着玩的，你怎么能当真呢？"曾子说："决不可以跟小孩子说着玩。小孩本来不懂事，都是听父母的教导，跟着父母的样子学，现在你骗他，就是教孩子骗人。做妈妈的骗孩子，孩子不相信妈妈的话，那是不可能把孩子教好的。"说完，曾子就把猪给杀了。

曾子用他的行为告诉我们，诚信就在一言一行中。成语"一诺千金"也告诉我们：哪怕很小的一件事，只要承诺了就要尽量做到！

中华优秀传统文化：国际版·第一级

山村咏怀

（北宋）邵雍

一去二三里，烟村四五家，

亭台六七座，八九十枝花。

注释

①去：指距离。

②烟村：指被烟雾笼罩的村庄。

③亭台：泛指供人们游赏、休息的建筑物。

不知不觉一走就离家二三里远了，轻雾笼罩着四五户人家。路边有六七座凉亭，还有许多鲜花正在绽放。

这首诗把"一"到"十"表示数目的十个汉字按照自然顺序同小路、烟、村、亭台、鲜花结合在一起，构成一幅自然朴实而又朦胧的山村风景画。有趣的数字诗还有《〈春江钓叟图〉题词二首》《一字诗》《咏雪》等。

通关检测

1. 中国的首都是（　　　）。

A. 北京　　B. 成都　　C. 上海　　D. 深圳

2. 中国是多民族国家，一共有（　　　）个民族。

A. 40　　B. 50　　C. 56　　D. 65

3. 试着背一背《山村咏怀》。

中华优秀传统文化·国际版·第一级

第二章

长　江

长江是中国第一大河，全长 6300 多千米，在世界上仅次于尼罗河和亚马孙河，居世界第三位哦！长江在历史上就有"黄金水道"之称，是中华民族的发祥地之一。长江还有许多好听的名字，如江、金沙江、楚江、荆江、扬子江、大江等。中国古代很多诗人都赞美过美丽的长江。

黄　河

　　黄河被称为中华民族的母亲河，黄河流域也是中华民族的重要发祥地之一。黄河全长约 5464 千米，为世界第五大长河，中国第二长河。仔细观察地图上黄河的形状，你会发现它流经的路线在地图上呈一个有趣的"几"字形哦！肯定有小朋友会问，黄河为什么叫黄河呀？是不是因为它的水都是黄色的呢？其实，远古时代的黄河，河面宽阔，水流清澈，那时，人们叫它"河""大河"或"上河"。到了汉朝，由于河水里泥沙含量增多，河水慢慢变黄，就有人开始称它为"黄河"了。

　　中国除了长江、黄河，比较著名的江河还有：界定南北的淮河，水流量第二大的珠江，落差最大的雅鲁藏布江，内陆河塔里木河，东北的国际界河黑龙江、鸭绿江等。

季札挂剑

季札是春秋时吴王寿梦第四子，史称"延陵季子"。

有一次，季札将要到西边去访问晋国，途经徐国，便佩带宝剑拜访了徐国国君。徐国国君十分欣赏季子的宝剑，虽然没有说出来，却露出想要宝剑的表情。季札因为有出使其他国家的任务，就没有把宝剑献给徐国国君，但是他心里已经答应会送给徐国国君了。

季札出使完以后，总想着回来将剑献给徐国国君，可是徐国国君已经死在楚国。于是，季札取下宝剑送给新任国君。随从人员阻止他说："这是吴国的宝物，不是用来作赠礼的。"季札说："前些日子我拜访徐国国君，他虽然没有说想要宝剑，但我当初心里已经决定要把这剑送给他了，怎么能因为他死了而违背自己的诺言呢！正直的人是不会这样做的！"

新任国君不敢接受宝剑，季札便把宝剑挂在徐国国君坟墓边的树上，然后就离开了。徐国人赞美季札，歌唱他说："延陵季子兮不忘故，脱千金之剑兮带丘墓。"

中华优秀传统文化·国际版·第一级

夜宿山寺

（唐）李白

危楼高百尺，手可摘星辰。

不敢高声语，恐惊天上人。

 注释

①宿：住，过夜。
②危楼：高楼，这里指山顶的寺庙。危：高。
③百尺：虚指，不是实数，这里形容楼很高。

山上寺院好像有百丈之高，站在上边，人仿佛都能摘下星辰。不敢高声说话，害怕惊动了天上的仙人。

李白是中国古代著名的诗人，他的诗风格豪放，想象十分丰富，具有浓郁的浪漫主义色彩。《夜宿山寺》中，诗人用夸张的艺术手法，描绘了山寺的高耸。夸张手法较突出的诗歌还有他的《秋浦歌》《望庐山瀑布》等。

通关检测

1. 中国第一大河是（　　　）。

A. 黄河　　　B. 长江　　　C. 珠江　　　D. 怒江

2. 中国第二长的河流是（　　　）。

A. 黄河　　　B. 长江　　　C. 珠江　　　D. 怒江

3. 试着背一背《夜宿山寺》。

第三章

国学知识

神州大地

泰　山

　　泰山是中国著名的山脉。泰山位于中国山东省泰安市，古称"东岳"，为"五岳"之首，有"天下第一山"之称。泰山风景以壮丽著称，有着巍峨的山势、苍松巨石和多变的云雾。自古有"泰山天下雄"的说法。泰山日出、云海玉盘、晚霞夕照、黄河金带，被称为泰山"四大奇观"。

中华优秀传统文化：国际版·第一级

华　山

　　华山，位于陕西省渭南市华阴市，古称"西岳"，为中国著名的"五岳"之一。华山是中华文明的发祥地之一。"中华"和"华夏"的"华"就源于华山，由此，华山有"华夏之根"的美称。华山山势峻峭，岩石高耸，一座座山峰笔挺秀丽，自古以来就有"华山天下险""奇险天下第一山"的说法。华山的著名景区多达200多处，有凌空架设的"长空栈道"、三面临空的"鹞子翻身"等。

　　中国的"五岳"是指中国非常出名的五座山，分别是：中岳嵩山、东岳泰山、西岳华山、南岳衡山、北岳恒山。

中华优秀传统文化·国际版·第一级

立木为信

　　春秋战国时，秦国的商鞅在秦孝公的支持下主持变法。当时社会处于战争频繁、人心惶惶之际。为了树立威信、推进改革，商鞅下令在都城南门立一根三丈长的木头，并当众许下诺言："谁能把这根木头搬到北门，赏金十两。"围观的人不相信这么轻而易举的事能得到这么高的赏赐，结果没人肯出手一试。于是，商鞅将赏金提高到50金，仍没人敢去扛。就在大伙议论纷纷时，终于有人站起将木头扛到了北门。商鞅立刻赏了他50金。

　　商鞅的这个举动，在百姓心中树立起了威信，所以商鞅接下来的变法很快就在秦国推广开了。秦国由此渐渐强盛起来，最终统一了中国。

　　　"商鞅变法"在中国历史上有着十分重要的意义。正是因为商鞅明白诚信是做人做事的根本，所以获得大家的信任。这个故事虽然发生在古代，但是今天的我们读起来仍然受益匪浅。

咏 鹅

（唐）骆宾王

鹅，鹅，鹅，曲项向天歌。

白毛浮绿水，红掌拨清波。

 注释

①曲项：弯着脖子。

②歌：长鸣。

③拨：划动。

　　"鹅，鹅，鹅！"一群鹅儿伸着弯曲的脖子正面向蓝天歌唱。洁白的羽毛漂浮在碧绿水面，红红的脚掌拨动着清清水波。

　　你知道吗？骆宾王可谓一个天才儿童，这首诗相传是他七岁时写的。他以一个小孩的眼光看鹅游水嬉戏的神态，大声朗读时你可以体会中国诗歌的音韵美感，仿佛能看到眼前白鹅在清澈绿水中缓缓前行的画面。充满童趣的诗歌还有《宿新市徐公店》《村居》《所见》等。

通关检测

1. 东岳是指中国的哪座山？（　　）

A. 华山　　　B. 恒山　　　C. 泰山　　　D. 嵩山

2. 有"华夏之根"美称的是下面哪座山？（　　）

A. 华山　　　B. 恒山　　　C. 泰山　　　D. 嵩山

3. 试着背一背《咏鹅》。

中华优秀传统文化：国际版·第一级

第四章

国学知识

神州大地

黄　山

　　黄山位于中国安徽省南部黄山市境内，因传说轩辕黄帝曾在此炼丹，故名为"黄山"。明朝旅行家徐霞客登临黄山时，曾这样赞叹黄山的秀丽："登黄山，天下无山，观止矣！"意思是你只要去了黄山，其他的山就不值得看了。这是对黄山最高的评价。黄山有"五绝"，分别为：奇松、怪石、云海、温泉、冬雪。其中迎客松是黄山的象征，它仿佛一位好客的主人，挥展双臂，热情欢迎全世界游客来黄山游览。

　　中国有一句名言：五岳归来不看山，黄山归来不看岳。也是对黄山极高的赞美。

中华优秀传统文化·国际版·第一级

庐 山

　　庐山，位于江西省九江市庐山市境内，以雄、奇、险、秀闻名于世，素有"匡庐奇秀甲天下"之美誉。庐山不仅风景秀丽，而且文化内涵深厚，有很多诗人登临庐山，留下4000余首诗词歌赋。庐山有许多急流与瀑布，其中最为著名的是三叠泉瀑布，总落差达155米，被誉为"庐山第一奇观"。唐代著名诗人李白曾赞美它："飞流直下三千尺，疑是银河落九天。"

狼来了

　　从前，一个孩子在山上放羊。村民们告诉他，如果有危险，只要大声呼喊救命，他们就会来帮他。

　　一天，这个男孩想开个玩笑，他一边向村边跑，一边大喊："狼来了，狼来了。"村民们听到喊声，便拿着棍棒和斧头来打狼。可是他们并没有发现狼，只有放羊的孩子对着他们捧腹大笑。第二天男孩又喊："狼来了，狼来了。"人们又急急忙忙地跑来帮助他，却发现孩子又在骗他们。第三天，狼真的来了，男孩惊恐万分，大叫："救命呀！救命呀！狼来了！狼来了！"村民们听到了他的喊声，以为他又在开玩笑，于是没有人理睬他。结果他的羊全部被狼吃掉了。

　　故事中的男孩用他的"玩笑"失去了村民们的信任。在我们的生活中，可千万不要乱开"玩笑"失去别人的信任，不然会得不偿失哦！

中华优秀传统文化·国际版·第一级

经典诵读

古诗

望庐山瀑布

（唐）李白

日照香炉生紫烟，

遥看瀑布挂前川。

飞流直下三千尺，

疑是银河落九天。

中华优秀传统文化·国际版·第一级

 注释

①香炉：指庐山的香炉峰。

②紫烟：指日光透过云雾，远望如紫色的烟云。

③川：河流，这里指瀑布。

④三千尺：形容山高。这里是夸张的说法，不是实指。

香炉峰在阳光的照射下生起紫色烟霞。从远处望去，瀑布像白色绢绸悬挂在山前。高崖上飞奔直冲而下的瀑布好像有几千尺，让人怀疑是银河从天上泻落到人间。

通关检测

1. 传说黄帝在下面哪座山上炼丹？（　　）

A. 华山　　B. 黄山　　C. 泰山　　D. 嵩山

2. "飞流直下三千尺，疑是银河落九天"描写的是哪座山的景色？（　　）

A. 华山　　B. 恒山　　C. 泰山　　D. 庐山

3. 试着背一背《望庐山瀑布》。

中华优秀传统文化：国际版·第一级

第五章

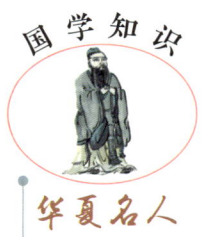

中华五千年历史中，涌现出无数的英雄豪杰、文人雅士，他们为推动中华文明及世界文明的发展作出了不朽的贡献。

孔 子

　　孔子名丘，字仲尼，是中国古代伟大的思想家、教育家、政治家，儒家学派的创始人。"子"不是名字，是大家对学问高深的人的尊称。孔子开创了私人讲学之风，倡导仁、义、礼、智、信。有弟子三千，其中贤人七十二。他曾带领部分弟子周游列国十三年，晚年修订《诗》《书》《礼》《乐》《易》《春秋》六经，被后世尊为孔圣人、至圣先师、万世先师。孔子去世后，孔子及其弟子的言行语录和思想被记录下来，整理编成《论语》。《论语》被翻译成很多种语言，在全世界发行。

　　孔子在世界华人的心中有着崇高的地位。中国古代的小孩子入学第一天都是要拜孔子像的。

中华优秀传统文化·国际版·第一级

重义

重义，是一种节烈正义的气概，也是为情义而甘愿替别人承担风险或作自我牺牲的气度。我们在生活中常常把它和"义气"相联系，在《辞源》中主要指"刚正之气"和"忠孝之气"。由此看出，"义"就是人生的责任和奉献，是中国人崇高道德的体现。

陈宫大义保母子

陈宫是三国时的名将，他是一个刚烈不屈的人。

他被曹操俘获时，不愿贪生求饶，就对曹操说："我做儿子不孝，做臣子不忠，死是咎由自取。"曹操问他："你的老母亲该怎么办呢？"陈宫说："我听说用孝道治理天下的人，是不会杀别人的母亲的。"曹操又问："你的妻子儿女又该怎么办？"陈宫回答："我听说以仁政治天下的明君，是不会杀别人的妻子儿女的，您看着办吧！请将我推出去斩首，以此严明军法吧。"

曹操感慨不已，落泪送走陈宫。陈宫死后，曹操不仅没有为难陈宫的家人，反而对他们非常照顾。

中华优秀传统文化·国际版·第一级

经典诵读

古 诗

静 夜 思

（唐）李白

床前明月光，疑是地上霜。

举头望明月，低头思故乡。

中华优秀传统文化··国际版·第一级

注释

①静夜思：静静的夜里，产生的思绪。

②床：有说法指井台。

明亮的月光洒在地上，好像地上泛起了一层白霜。我抬起头来，看那空中的明月，不由得低头沉思，想起远方的家乡。

这首诗写的是在寂静的月夜思念家乡的感受。寒冷的月夜，独自一人，自然而然就怀念起温暖的家乡了。在交通不发达的古代，背井离乡的文人们常常借助诗歌抒发对故乡和亲人的思念，如《九月九日忆山东兄弟》《泊船瓜洲》《枫桥夜泊》等。

通关检测

1.被后世尊为万世先师的是下面哪一位？（　）

A.孙子　　B.老子　　C.孔子　　D.孟子

2.记录孔子及其弟子的言行的书籍是下面哪一本？（　）

A.《春秋》　　B.《诗经》　　C.《论语》　　D.《大学》

3.试着背一背《静夜思》。

中华优秀传统文化：国际版·第一级

第六章

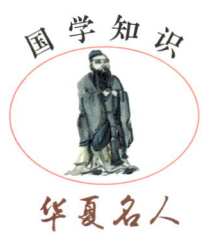

国 学 知 识

华夏名人

老　子

　　老子，姓李名耳，字聃，春秋末期人，中国古代思想家、哲学家、文学家和史学家，道家学派创始人和主要代表人物，与庄子并称"老庄"。在道教中被尊为始祖，称"太上老君"。曾被列为世界文化名人，世界百位历史名人之一。老子成名要比孔子早些，当孔子还是个地位很低、十分贫穷的青年时，老子已经是赫赫有名的大学者了，孔子曾问礼于老子。后来，在孔子周游列国时也曾向老子问礼，夸赞老子："老聃，真吾师也！"老子传世作品《道德经》（又称《老子》），是全球文字出版发行量最大的著作之一。《道德经》《易经》《论语》被认为是对中国人影响最深远的三部思想巨著。

老子骑青牛

中华优秀传统文化：国际版·第一级

鲍子都葬书生

　　魏国的鲍子都有一天傍晚在荒野行走，遇到一位书生突然心脏疼痛，鲍子都下马为书生按摩心脏。可是，不一会儿，书生就死了。鲍子都看到书生的口袋里有一册兵书和十个金饼，他便卖了一个金饼，用所卖的钱将书生安葬了，并将剩下的九个金饼放到书生的头下，兵书放到书生的肚子旁边。

　　几年以后，书生的家人找到鲍子都，指责他杀害了书生，并抢走了书生的钱物。鲍子都将当时的情况告诉了书生的家人，并带领他们来到书生的墓前，挖开坟墓将书生的尸体取出来。书生的家人看到九个金饼仍在书生的头下枕着，兵书还在书生的身旁放着。

　　他们知道冤枉了鲍子都，感到很愧疚，十分感谢鲍子都的大仁大义。

　　面对陌生人仍愿意施以援手而不贪不占，鲍子都的行为确实是仁义之大举。如果在我们身边能多一些仁义之事，那社会一定会变得更加美好。

中华优秀传统文化·国际版·第一级

古朗月行·节选

（唐）李白

小时不识月，呼作白玉盘。

又疑瑶台镜，飞在青云端。

①呼作：称为。

②白玉盘：指晶莹剔透的白盘子。

③疑：怀疑。

④瑶台：传说中神仙居住的地方。

译文

　　小时不识天上明月，把它称为白玉圆盘。又怀疑它是瑶台仙人的明镜，飞在天上。

月亮有许多别称，除了叫白玉盘，在古代诗词中，月亮还叫：太阴、玄兔、玉兔、夜光、素娥、冰轮、玉轮、玉蟾、婵娟、玉弓、玉桂、玉钩、玉镜、冰镜、嫦娥等。

通关检测

1.与庄子并称"老庄"的是下面哪一位？（　　）

A.李耳　　　B.孙武　　　C.孟轲　　　D.孔丘

2.老子传世作品是下面哪一部？（　　）

A.《春秋》　　　B.《诗经》　　　C.《论语》　　　D.《道德经》

3.试着背一背《古朗月行》。

第七章

国学知识

华夏名人

孟　子

中华优秀传统文化·国际版·第一级

　　孟子，名轲，战国时期著名哲学家、思想家、政治家、教育家，儒家学派的代表人物之一，地位仅次于孔子，被尊称为"亚圣"，与孔子并称"孔孟"。孟子宣扬"仁政"，最早提出"民贵君轻"的思想。《孟子》是孟子的言论汇编，一般认为是由孟子及其弟子共同编写完成，与《论语》《大学》《中庸》合在一起称"四书"。至清末，"四书"一直是科举必考内容。《孟子》书中有《鱼我所欲也》《生于忧患，死于安乐》和《富贵不能淫》等名篇，至今仍被编入中国学生的语文教科书。历史上流传着许多关于孟子的典故，如"孟母三迁""断织喻学""五十步笑百步"等。

　　《孟子》中有很多经典的名句，我们后面会介绍哦！

美德故事

重义

荀巨伯轻生重义

汉代有个读书人叫荀巨伯。他的朋友生了大病，他便千里迢迢来探望。很不巧，刚好匈奴在他朋友居住的地方抢夺财物，村庄里所有的人都跑掉了。朋友就劝荀巨伯："这里太危险了，你赶快走！"荀巨伯却说："我远道来探望你，不可以舍你而去。这样败坏道义的事我做不出来。"

荀巨伯走到屋外，对那些匈奴说："我的朋友生病了，我不忍心抛下他，我愿用我的生命来换取朋友的生命！"因为他的真诚和讲道义，匈奴也被感动了。匈奴头领就对同伙说："我们都是无义的人，怎么可以来抢夺这个有义的地方呢？"于是下令全部撤退。

荀巨伯用他的大义凛然化解了这场灾祸。

中华优秀传统文化：国际版·第一级

面对可怕的匈奴，荀巨伯不躲避和退缩，而是用他的勇敢和大义保护自己的朋友。他的行为不仅收获了朋友间更深厚的友谊，也赢得了匈奴对他的尊重，最终化险为夷！

经典诵读

古诗

悯　农

（唐）李绅

锄禾日当午，汗滴禾下土。

谁知盘中餐，粒粒皆辛苦。

中华优秀传统文化·国际版·第一级

译文

　　盛夏中午，烈日当空，农民还在劳作，汗珠滴入泥土。有谁想到，我们碗中的米饭，一粒一粒都是农民辛苦劳动得来的呀！

这首诗中作者描绘了农民在烈日之下锄禾而汗流不止的辛苦场景，提醒我们要珍惜眼前碗中的粮食。此外，刻画劳动人民辛苦劳动的诗歌还有陶渊明的《归园田居》。

通关检测

1. 被后世尊称为"亚圣"的是下面哪一位？（　　）

A. 李耳　　　B. 孙武　　　C. 孟轲　　　D. 孔丘

2. 下面哪一部不属于四书？（　　）

A. 《大学》　　　B. 《论语》　　　C. 《孟子》　　　D. 《道德经》

3. 试着背一背《悯农》。

中华优秀传统文化·国际版·第一级

第八章

国学知识

华夏名人

孙 子

　　孙子，即孙武，字长卿，中国春秋末期著名的军事家、政治家。被后人尊称为"兵圣"，又称"兵家至圣"，被誉为"百世兵家之师""东方兵学的鼻祖"。他所写的《孙子兵法》是中国现存最早的兵书，也是世界上最早的军事著作，早于克劳塞维茨的《战争论》约2300年，被誉为"兵学圣典"，为后世兵法家所推崇。《孙子兵法》里有一句名言，叫"知彼知己，百战不殆"，就是告诉我们打仗做事的时候必须熟悉自己的情况，以及对手的情况，才能取得胜利。

中华优秀传统文化·国际版·第一级

美德故事

重义

千里走单骑

关羽被誉为"忠义"的化身，被称为"义绝"。"千里走单骑"讲的就是他的故事。

有一年，关羽被曹操的军马包围在一座山头上，当时他还担着保护刘备的妻儿老小的责任，形势十分危急。张辽上山劝关羽投降，关羽思考再三，从大局出发，便答应了。为保护刘备的两位夫人，关羽只好随曹操去到许都，路途中曹操故意让关羽与二位嫂子同住一室。关羽一手拿着烛火，一手拿刀，通宵站在户外，让曹操非常敬佩。曹操又送了很多美女和金银财宝给关羽，关羽却让美女服侍嫂嫂，财物又交给嫂嫂保管。曹操又把赤兔马送给了关羽，关羽再三拜谢。曹操感到奇怪，问他为什么以前得到东西从不感激，而今天却再三拜谢。关羽说有了千里马，他就可早一天找到他的大哥刘备。曹操听了之后，感到非常后悔。

后来，关羽接到刘备的书信，就向曹操告辞，要去河北找刘备。一路上，他身跨赤兔马，手提青龙偃月刀，过五关，斩六将，终于把两位嫂嫂护送到河北关家庄，与刘备会合。

从此，"美髯公千里走单骑"的忠义美名便流传于世。

关羽重情重义的美德一直被传为佳话！在我们现在的生活中，这样"千里走单骑"的例子可能比较少了，但是拥有这样的品质一定会让自己的人生之路越走越宽阔哦！

中华优秀传统文化：国际版·第一级

经典诵读

古诗

乐游原

（唐）李商隐

向晚意不适，驱车登古原。

夕阳无限好，只是近黄昏。

中华优秀传统文化·国际版·第一级

注释

①乐游原：在长安（今西安）城南，是唐代长安城内地势最高地。

②向晚：傍晚。

③不适：不悦，不快。

④古原：指乐游原。

⑤近：快要。

通关检测

1. 被后世尊称为"兵圣"的军事家是下面哪位？（　）

A. 李耳　　B. 孙武　　C. 孟轲　　D. 孔丘

2. "知彼知己，百战不殆"出自下面哪部书？（　）

A.《孙子兵法》　　B.《战争论》

C.《孙膑兵法》　　D.《三十六计》

3. 试着背一背《乐游原》。

中华优秀传统文化·国际版·第一级

第九章

国 学 知 识

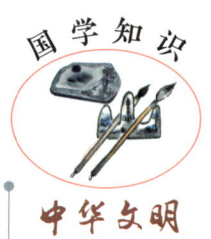

中华文明

"文房四宝"是指中国独有的书法绘画工具,即笔、墨、纸、砚。文房四宝之名,起源于南北朝时期。

笔

最初人们是没有笔的,他们用工具在龟甲和兽骨上刻字,这才有了最早的甲骨文,人类的知识才得以传承。后来人们发明了毛笔,从此,毛笔就成了中国人几千年来最重要的书写工具。毛笔可算是中国独有的了。你看,"笔"字上面是"竹字头",表示笔的上端是竹管,下面是"毛"字,表明"笔"的下端是"毛",这正是"毛笔"的真实形状。其中,中国浙江湖州生产的"湖笔"最为出名。

墨

　　墨是用煤烟或松烟等制成的黑色块状物。古代的人在书写或者绘画之前，都会研墨。他们根据自己的需要，将块状的墨加适量的水研磨，就变成书写绘画的墨汁了。"墨"的世界内涵丰富，多姿多彩。墨分"松烟墨"和"油烟墨"两种，松烟墨适合写字。油烟墨适宜作画。其中，以中国安徽生产的"徽墨"最为出名。

美德故事

守礼

守礼，在五千年中华民族的历史长河中，有着重要的地位，中华民族有着完整的礼仪规范和优秀的传统美德，被世人称为"文明古国，礼仪之邦"。中国人也以其彬彬有礼的风貌著称于世。

曾子避席

曾子是孔子的弟子。有一次，他在孔子身边侍坐，孔子问他问题，曾子听了，明白孔子是要指点他最深刻的道理，于是立刻从坐着的席子上站起来，走到席子外面，恭恭敬敬地回答说："我不够聪明，哪里能知道，还请老师把这些道理教给我。"

在这里，"避席"是一种非常礼貌的行为，当曾子听到老师要向他传授学问时，他站起身来，走到席子外向老师请教，是为了表示他对老师的尊敬。"曾子避席"的故事被后人传诵，很多人都向他学习。

当有长辈和我们说话时，记得要目视对方，认真倾听哦！

《弟子规》中还讲道：长者立，幼勿坐。长者坐，命乃坐。尊长前，声要低。低不闻，却非宜。

春 晓

（唐）孟浩然

春眠不觉晓，处处闻啼鸟。

夜来风雨声，花落知多少。

注释

①晓：早晨，天明，天刚亮的时候。

②闻：听见。

中华优秀传统文化：国际版·第一级

　　春天睡醒，天已大亮，到处都能听到鸟儿清脆的叫声。回想昨夜的阵阵风雨声，不知吹落了多少芳香的花朵。

　　自古以来，描写春景的诗歌数不胜数，如杜甫的《春夜喜雨》、贺知章的《咏柳》、叶绍翁的《游园不值》、朱熹的《春日》等，都值得读一读哦！

通关检测

1. 中国人几千年来最重要的书写工具是什么？（　　）

A. 铅笔　　　B. 钢笔　　　C. 圆珠笔　　　D. 毛笔

2. 下面关于"墨"的说法，哪一项是错误的？（　　）

A. 墨是用煤烟或松烟等制成的。

B. 研墨时要加适量的水研磨。

C. 中国古代用于书写的墨有多种颜色。

D. 中国古代的墨分"松烟墨"和"油烟墨"两种。

3. 试着背一背《春晓》。

第十章

国学知识

中华文明

纸

　　古代最早是没有纸的，最开始古人是用工具在龟甲和兽骨上刻字，后来又在木片或竹片上写字。但是竹片写字很笨重，后来又在丝绸做的"帛"上写字，但是帛太贵，很多人用不起。东汉时期，有个叫蔡伦的人改进了前人的造纸术，用树皮、麻头、敝布、渔网等造出了物美价廉的纸张。从此，纸才成为最重要的书写材料。纸张有很多类别，其中，原产于中国安徽省宣城市的"宣纸"最为出名。

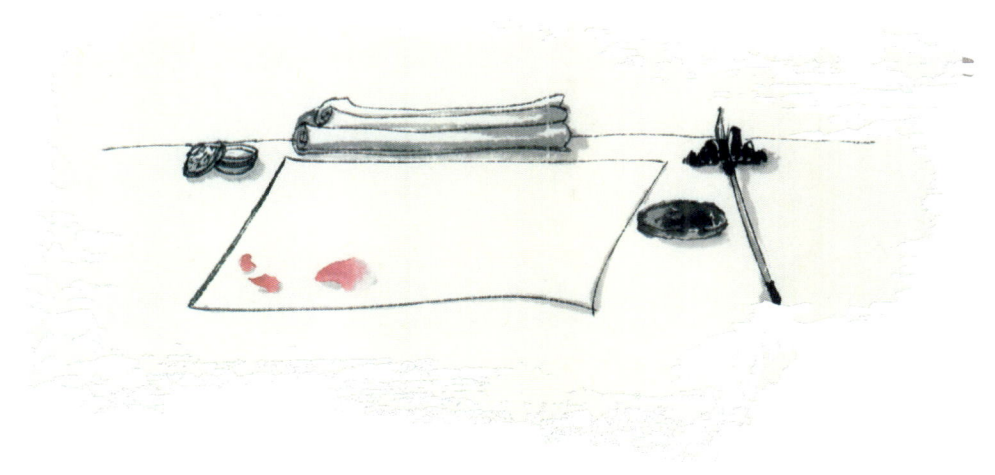

中华优秀传统文化：国际版·第一级

砚

　　砚台是用来盛墨汁和笔的。最早出现的砚台是石砚。汉代由于发明了人工制墨，墨可以直接在砚台上研磨，于是便出现了铜砚、陶砚、银砚等。六朝至隋朝最突出的就是瓷砚的出现。经过几千年的发展变化，砚的品种繁多，其中，广东出产的"端砚"十分出名。端砚具有贮水不干、呵气研墨、不损笔、发墨快等特点。

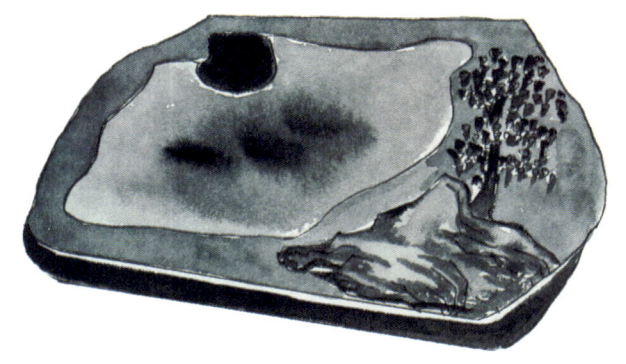

面 试

古时候，有一位书生想到一大户人家做门客。经过很久的努力，终于过五关斩六将，到了最后一关：面试。

终于等来了面试的那天，几个前来面试的书生都被安排在书房等候。到了考核时间，管家匆忙地来说："很抱歉，读书人，我们家大人处理些急事，要出门一趟，你们可否等等？"书生们齐声说："没问题，我们等他。"见管家走了，书生们都没闲着，在书房里转悠起来。围着主人的大写字台看，只见上面文件一摞、信一摞、资料一摞。书生们你看这一摞，我看那一摞，看完了还互相交换。

过了一会儿，管家来说："面试已经结束。""没有啊？ 主人还没回来啊。"管家说："刚才这段时间，你们的表现就是面试。我们家大人一直在暗处观察你们。很遗憾，你们没有一个人被录取。因为，我们府上不需要那些未经他人同意就乱翻别人东西的人。"这些年轻人恍然大悟，顿时面红耳赤，一个个悔不当初。

晓出净慈寺送林子方

（宋）杨万里

毕竟西湖六月中，风光不与四时同。

接天莲叶无穷碧，映日荷花别样红。

注释

①净慈寺：全名"净慈报恩光孝禅寺"，与灵隐寺为杭州西湖
南北山两大著名佛寺。

②别样红：红得特别出色。

荷花图

中华优秀传统文化·国际版·第一级

六月里的西湖啊，十分特别，风光与其他季节大不相同。那密密层层的荷叶铺展开去，像与天相接，一片无边无际的碧绿，阳光下荷花分外鲜艳娇红。

　　这是一首描写西湖六月美丽景色的诗，也是描写夏天的诗的代表。这首诗具有很强的画面感。描写西湖较有名的诗还有苏轼的《饮湖上初晴后雨》《六月二十七日望湖楼醉书》和白居易的《钱塘湖春行》等。

通关检测

1. 是谁改进了前人的造纸术，造出了物美价廉的纸张？（　　）

A. 孟子　　B. 蔡伦　　C. 祖冲之　　D. 陶渊明

2. 用来盛墨汁和笔的文具叫什么？（　　）

A. 笔　　B. 墨　　C. 纸　　D. 砚

3. 试着背一背《晓出净慈寺送林子方》。

第十一章

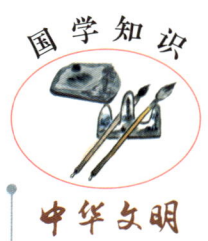
自古以来，中国人就凭借自己的聪明智慧进行着发明创造，这些发明不仅有助于当时人们的生活，还对后世现代有深远影响。其中造纸术、指南针、火药和印刷术这"四大发明"更是经由各种途径传至西方，对世界具有很大影响。

中华优秀传统文化·国际版·第一级

造纸术

中国东汉时，蔡伦主管监督制造宫中用的各种器物，他挑选出树皮、麻头、敝布、渔网等，让工匠把它们切碎剪断，放在一个大水池中浸泡。过了一段时间后，其中的杂物烂掉了，而纤维不易腐烂，就保留了下来。他再让工匠把浸泡过的原料捞起，放入石臼中，不停捶打搅拌，直到它们成为浆状物，然后把这些浆状物放在木板上铺平，等干燥后揭下来就变成了纸。蔡伦的造纸术对世界造纸业的发展及人类文化的传播具有深远影响。

活字印刷术

　　在印刷技术发明之前，人们想要得到一本书，就只能自己动手抄写了，速度慢又十分辛苦。中国宋朝的时候，一位叫毕昇的发明家发明了活字印刷术。活字印刷的方法是先制成单字字模，然后按照稿件把单字挑选出来，排列在字盘内，涂墨印刷，印完后再将字模拆出，留待下次印刷其他作品时还可以再次使用。一个字模可以重复使用很多次，印刷很多本书。活字印刷术大大提高了印刷的质量和速度。这是印刷史上的一次伟大革命，为推动世界文明的发展作出了重大贡献。

　　2008年北京奥运会开幕式上，中国的舞蹈演员就曾表演了活字印刷术，展现中国为世界文明进步所作出的卓越贡献。

千里送鹅毛

　　"千里送鹅毛"的故事发生在唐朝。当时，西域回纥国是大唐的藩国。一次，回纥国为了表示对唐王朝的拥戴，派特使缅伯高向太宗贡献珍兽天鹅。

　　路过沔阳河时，好心的缅伯高把天鹅从笼子里放出来，想让它在水边畅快地喝水。不料，天鹅展翅飞向高空。缅伯高忙伸手去捉，只扯得几根鹅毛。缅伯高急得捶胸顿足，号啕大哭。随从们劝他说："已经飞走了，哭也没有用，还是想想补救的方法吧。"

　　到了长安，缅伯高拜见唐太宗，并献上礼物。唐太宗见是一个精致的绸缎小包，便令人打开，一看是几根鹅毛和一首小诗。诗曰："天鹅贡唐朝，山高路途遥。沔阳河失宝，倒地哭号啕。上复圣天子，可饶缅伯高。礼轻情意重，千里送鹅毛。"唐太宗莫名其妙，缅伯高随即讲出事情原委。唐太宗连声说："难能可贵！难能可贵！千里送鹅毛，礼轻情意重！"

　　这个故事体现着送礼之人真诚的可贵美德。今天，人们用"千里送鹅毛"比喻虽送出的礼物单薄，但情意异常浓厚。

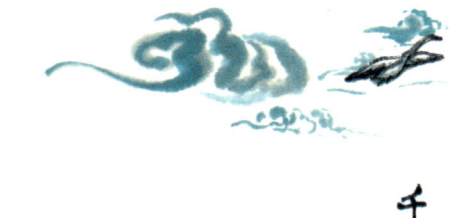

　　"千里送鹅毛，礼轻情意重。"礼物不在乎有多贵重，真诚的情谊才是最宝贵、最能打动人心的。

中华优秀传统文化·国际版·第一级

枫桥夜泊

（唐）张继

月落乌啼霜满天，江枫渔火对愁眠。

姑苏城外寒山寺，夜半钟声到客船。

①姑苏：苏州的别称，因城西南有姑苏山而得名。

②寒山寺：在枫桥附近，始建于南朝梁代。相传因唐代僧人寒山、
拾得曾住此而得名。在今苏州市西枫桥镇。

译文

　　寒冷的午夜，月亮沉落，乌鸦发出几声啼鸣，我对着江边枫树和渔火，怀着忧愁入睡。姑苏城外那寒山古寺，半夜里敲响的钟声传到了我乘坐的客船。

　　这是一首描写秋天的代表作，古代诗人总喜欢把秋天和哀愁结合起来描写。这首诗作者描述了江南深秋夜景，勾画了月落乌啼、霜天寒夜、江枫渔火、孤舟客子等景象，有景有情，有声有色。

通关检测

1. 改进造纸术的蔡伦是哪个朝代的人？（　　　）

A. 秦朝　　　B. 西汉　　　C. 东汉　　　D. 唐朝

2. 可以重复使用很多次，大大提高了印刷的质量和速度的技术是（　　　）。

A. 雕版印刷术　　　B. 活字印刷术　　　C. 剪纸艺术　　　D. 雕刻艺术

3. 试着背一背《枫桥夜泊》。

第十二章

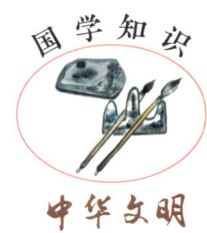

国学知识

中华文明

火 药

　　根据古书记载，在一千多年前的隋唐时期，有一位道士想要炼制一种使人长生不老的仙丹，他把硫黄、硝石、雄黄等药材放进丹炉里炼制，没想到发生了爆炸，不仅把这个道士的脸和手烧坏了，爆炸的火焰还直冲屋顶，把房子也烧了。于是，这种"容易着火的药"，就被称为"火药"了。火药不能解决长生不老的问题，又容易着火，炼丹家对它失去了兴趣。但后来人们利用火药制作出绚丽多姿的烟花、威力巨大的枪炮和炸弹……火药成了中国古代著名的"四大发明"之一。

中华优秀传统文化·国际版 第一级

指南针

　　中国古代劳动人民在两千多年前的春秋战国时期就发现了磁针总是指着南方的这一特点，并制作出了世界上最早的"指南针"——司南。司南就是人们用天然磁铁矿石琢成一个勺形的东西，放在一个光滑的盘上，盘上刻着方位，利用磁铁指南的特点，就可以辨别方向。指南针的发明为人们带来了很大的方便，后来这项发明被运用于航海，指南针让船队在茫茫的大海上航行时不致迷失方向，使人们更好地了解和利用占地球四分之三的辽阔海域。

丰子恺教礼仪

丰子恺是中国现代著名的书画家、文学家、教育家。丰子恺在平时生活中，经常给孩子们讲对人要有礼貌。丰子恺是名人，家里经常有客人来访。每逢家里有客人来的时候，他总是耐心地对孩子们说："客人来了，要热情招待，要主动给客人倒茶、添饭，而且一定要双手捧上，不能用一只手。如果用一只手给客人端茶、送饭，就好像皇上给臣子赏赐，又好像父母给小孩子喝水、吃饭。这是非常不恭敬的。"他还说："要是客人送你们什么礼物，可以收下，但你们接的时候，要躬身双手去接。躬身，表示谢意；双手，表示敬意。" 这些教导都深深地印在孩子们的心里，他的孩子也都成为懂礼仪的人。

在我们生活中的一言一行都透露着礼仪的修养，特别是晚辈面对长辈时的待人接物都离不开双手的配合，这可是最基本的礼仪哦！

中华优育传统文化·国际版·第一级

经典诵读

古诗

江 雪

（唐）柳宗元

千山鸟飞绝，万径人踪灭。

孤舟蓑笠翁，独钓寒江雪。

中华优秀传统文化：国际版·第一级

注释

①绝：无，没有。

②径：小路。

③蓑笠（suō lì）：蓑衣和斗笠。

　　所有的山上，飞鸟的身影已经绝迹，所有道路都不见人的踪迹。江面上只有一条小船，船上一位披戴着蓑笠的老翁，独自在寒冷的江面上钓鱼。

　　这是一首描写冬天的诗，诗人只用了二十个字，就描绘了一幅幽静寒冷、孤独寂寞的画面。诗歌每一句的开头一字连在一起就是"千万孤独"，这样的藏头诗还有徐渭的《七绝》"平湖一色万顷秋，湖光渺渺水长流。秋月圆圆世间少，月好四时最宜秋。"你看看每句第一个字连起来是什么？

1. 中国古代的火药是什么人发明的？（　　）
A. 和尚　　　B. 道士　　　C. 宦官　　　D. 乞丐

2. 中国古代发明的指南针又叫什么？（　　）
A. 指南车　　　B. 司南　　　C. 磁针　　　D. 磁石

3. 试着背一背《江雪》。

中华优秀传统文化·国际版·第一级

第十三章

中国传统节日，是中华民族悠久历史文化的重要组成部分，形式多样、内容丰富。中国的传统节日主要有春节（农历正月初一）、元宵节（农历正月十五）、清明节（公历4月5日前后）、端午节（农历五月初五）、七夕节（农历七月初七）、中秋节（农历八月十五）、重阳节（农历九月初九）、除夕（农历一年最后一天）等。

春 节

春节，即农历新年，正月初一，是一年之岁首、传统意义上的年节。春节又俗称新春、新年、过年等。春节历史悠久，由上古时代岁首祈年祭祀演变而来。春节是中国最盛大最重要的传统节日，春节期间，全世界有华人居住的地方均会举行各种庆贺新春活动，热闹喜庆的气氛洋溢；这些活动以除旧布新、拜神祭祖、纳福祈年为主要内容，形式丰富多彩。

元宵节

　　元宵节，又称上元节、小正月、元夕或灯节，为每年农历正月十五，是中国春节年俗中最后一个重要节令。正月是农历的元月，古人称"夜"为"宵"，所以把一年中第一个月圆之夜正月十五称为元宵节。元宵节传统习俗主要有出门赏月、猜灯谜、吃元宵、赏花灯等。此外，不少地方元宵节还增加了耍龙灯、耍狮子、踩高跷、划旱船、扭秧歌、打太平鼓等传统民俗表演。

57

智慧，就是人拥有的聪明才智。智慧使我们做出导致成功的决策，有智慧的人被称为智者。在我们的日常生活中，智慧体现为更好的解决问题的能力。

三个小金人

古时候，有个外国使臣到中国来，进贡了三个一模一样的金人。金人很精美，中国皇帝见了十分高兴。可是使者带来了一个问题："这三个金人哪个最有价值？"皇帝想了许多的办法，请来珠宝工匠检查，称重量，比做工，都是一模一样的。怎么办呢？泱泱大国，不会连这个小事都不懂吧？

最后，有一位老臣说他有办法。皇帝将使者请到大殿，老臣胸有成竹地拿着三根稻草，插入第一个金人的耳朵里，这稻草从第一个金人的另一边耳朵出来了。接着大臣把第二根稻草插入第二个金人的耳朵，稻草从第二个金人的嘴巴里直接掉出来。而第三个金人，稻草从耳朵里进去后掉进了肚子，什么响动也没有。老臣说："第三个金人最有价值！"使者的脸上露出佩服的笑容。

中华优秀传统文化·国际版·第一级

请问，你知道为什么老臣说第三个金人最有价值吗？

经典诵读

古 诗

元　日

（宋）王安石

爆竹声中一岁除，春风送暖入屠苏。

千门万户瞳瞳日，总把新桃换旧符。

注释

①元日：农历正月初一，即春节。

②屠苏：指屠苏酒，饮屠苏酒也是古代过年时的一种习俗，大年初一全家合饮这种用屠苏草浸泡的酒，以求驱邪、避瘟疫、得长寿。

②瞳瞳：日出时光亮而温暖的样子。

④桃：桃符，古代一种风俗，农历正月初一时人们用桃木板写上神荼、郁垒两位神灵的名字，悬挂在门旁，用来压邪。也指春联。

中华优秀传统文化·国际版·第一级

59

译文

爆竹声中旧的一年已经过去，迎着和暖的春风开怀畅饮屠苏酒。初升的太阳照耀着千家万户，他们都忙着把旧的桃符取下换上新的桃符。

这是一首写古代迎接新年的即景之作，点燃爆竹，饮屠苏酒，换新桃符，充分表现出过年的欢乐气氛，富有浓厚的生活气息。

1. 中国最盛大最重要的传统节日是? （　　）

A. 春节　　　B. 清明节　　　C. 中秋节　　　D. 重阳节

2. 每年农历正月十五日是哪个传统节日？（　　）

A. 春节　　　B. 元宵节　　　C. 中秋节　　　D. 重阳节

3. 试着背一背《元日》。

第十四章

国学知识

九州风物

清明节

　　清明节又称踏青节、行清节、三月节、祭祖节等，是中华民族传统隆重盛大的春祭节日，属于礼敬祖先、弘扬孝道的一种文化传统节日。清明节既是二十四节气之一，也是传统节日，是节气与节日的合体。清明节习俗甚多，主要有扫墓祭祖、踏青等。清明节既是一个扫墓祭祖的肃穆日子，也是人们亲近自然、踏青游玩、享受春天乐趣的欢乐节日。

　　清明一到，气温升高，雨量增多，正是春耕春种的大好时节。故有"清明前后，种瓜点豆""植树造林，莫过清明"的农谚。可见这个节气与农业生产有着密切的关系。

中华优秀传统文化·国际版·第一级

端午节

　　农历五月初五是端午节，端午节是中国四大传统节日之一，是集祈福消灾、欢庆娱乐和饮食为一体的民俗大节。端午节最初是中国人民祛病防疫的节日，吴越之地春秋之前有在农历五月初五以龙舟竞渡形式举行部落图腾祭祀的习俗。后因伟大的爱国诗人屈原在这一天死去，便成了中国汉族人民纪念屈原的传统节日。端午习俗主要有：吃粽子、吃五黄、赛龙舟、挂艾草与菖蒲、洗草药水等。

聪明的县令

古代有一个县令很会判案。

一天，有两个人来衙门打官司。原来这两人是为了一匹绢布。他们都说这绢布是自己的。县令说："好吧，既然你们都说是自己的，我看这样好了，把绢剪了，一分为二，各人一半，行了吧？"于是他就命令手下把绢布剪了，一人一半。两人只好各自拿着半匹绢布回家了。县令对手下说："你们分别去看他俩有什么表现。难过的人是绢的主人，高兴的那个就抓起来。"衙役悄悄去观察，果然看见一人很开心，一人很难过。于是，他们就把那个高兴的人抓起来审问，果然绢布不是他的。

聪明的县令表面看起来断案马虎，其实是抓住了人的情绪表现来进行断案，那你知道为什么县令会判断伤心那个是主人，高兴那个是罪犯呢？

经典诵读

古诗

清　明

（唐）杜牧

清明时节雨纷纷，路上行人欲断魂。

借问酒家何处有？牧童遥指杏花村。

注释

①借问：请问。

②杏花村：杏花深处的村庄。今在安徽池州贵池区秀山门外。受此诗影响，后人多用"杏花村"作酒店名。

中华优秀传统文化·国际版·第一级

通关检测

1.下面哪一项既是二十四节气之一，也是传统节日？（　　）

A.春节　　　B.清明节　　　C.中秋节　　　D.重阳节

2.龙舟竞渡是哪个传统节日的习俗？（　　　）

A.春节　　　B.元宵节　　　C.端午节　　　D.重阳节

3.试着背一背《清明》。

第十五章

国学知识

九州风物

七夕节

七夕节，又称七巧节、乞巧节等，是中国民间的传统节日。七夕节普及于西汉，鼎盛于宋代。经历史发展，七夕被赋予了"牛郎织女"的美丽爱情传说，使其成为象征爱情的节日，从而被认为是中国最具浪漫色彩的传统节日，在当代更是产生了"中国情人节"的文化含义。在七夕节，人们会有拜七姐、储七夕水、吃巧果、乞求巧艺与姻缘等习俗活动。

传说古代王母娘娘的孙女织女擅长织布，每天给天空织彩霞，她讨厌这枯燥的生活，就偷偷下到凡间，私自嫁给河西的牛郎，过上男耕女织的生活，此事惹怒了王母娘娘，把织女捉回天宫，责令他们分离，只允许他们每年的农历七月七日在鹊桥上相会一次。他们坚贞的爱情感动了喜鹊，七月初七这天晚上，无数喜鹊飞来，用身体搭成一道跨越天河的喜鹊桥，让牛郎织女在天河上相会。

中秋节

　　每年的农历八月十五是中秋节。中秋节自古便有祭月、赏月、吃月饼、玩花灯、赏桂花、饮桂花酒等民俗，流传至今，经久不息。"嫦娥奔月"是关于中秋节的美丽传说。相传后羿射日有功，西王母赐给他的一粒不死之药。后羿的徒弟逢蒙趁后羿不在家想要盗药，嫦娥被逢蒙所逼，无奈之下，吃下不死之药后飞到了月宫。乡亲们很想念好心的嫦娥，八月十五便在院子里摆上嫦娥平日爱吃的食品，遥遥地为她祝福。从此以后，每年八月十五，就成了人们企盼团圆的中秋佳节。

美德故事

智慧

道旁李苦

古时候，有个小孩叫王戎。他七岁的时候，曾和许多小朋友一起玩耍，大家看见路边的李树结了很多李子，把树枝都压弯了。小朋友们都争着跑过去摘李子，只有王戎没有，别人问他为什么不去摘，他说："树长在路边，有很多李子还挂在树枝上，那一定是苦的李子。"其他人摘下来一尝，果然这些李子都是苦的。

通过这件事，大家都觉得王戎很聪明。其实，王戎就是通过观察和思考才判断出李子的苦甜啊！

王戎小小年纪就知道通过观察和思考对身边的事物进行判断。如果我们在生活中也能做到勤观察善思考，那就能变得越来越智慧哦！

中华优秀传统文化：国际版·第一级

秋 夕

（唐）杜牧

银烛秋光冷画屏，轻罗小扇扑流萤。

天阶夜色凉如水，坐看牵牛织女星。

注释

①秋夕：秋天的夜晚。

②流萤：飞动的萤火虫。

③天阶：露天的石阶。

④牵牛织女星：两个星座的名字，指牵牛星、织女星。
亦指古代神话中的人物牛郎和织女。

译文

　　秋夜里，烛光映照着画有图案的屏风，一位宫女手拿着轻巧的丝质团扇扑打萤火虫。夜色里的石阶清凉如冷水，她仍坐在那儿，看着天上的牛郎织女星。

　　本诗写宫女在清冷的宫殿里扑打萤火虫，直到半夜时又在月光下羡慕地看牛郎织女一年一度的相会。

通关检测

1. 下面哪个传统节日和牛郎织女的传说有关？（　　）

A. 春节　　　B. 清明节　　　C. 七夕节　　　D. 中秋节

2. 有祭月、赏月、吃月饼、玩花灯、赏桂花、饮桂花酒等是哪个传统节日的习俗？（　　）

A. 春节　　　B. 元宵节　　　C. 中秋节　　　D. 重阳节

3. 试着背一背《秋夕》。

第十六章

国学知识

九州风物

重阳节

重阳节在每年的农历九月初九，也是中国民间的传统节日。古代民间在重阳节有登高的风俗，故重阳节又叫"登高节"。在民俗观念中"九"在数字中是最大数，有长久长寿的含意，寄托着人们对老人健康长寿的祝福。1989 年，农历九月九日被定为中国的"敬老节"，倡导全社会树立尊老、敬老、爱老、助老的风气。重阳节有登山秋游、摆敬老宴、赏菊、吃重阳糕、喝菊花酒等习俗。

除 夕

　　"除夕"是岁除之夜的意思，又称大年夜、除夕夜、除夜等，时值年尾的最后一个晚上。除夕是除旧布新、全家团圆、祭祀祖先的日子，除夕，在国人心中是具有特殊意义的，是这个年尾最重要的日子。漂泊再远的游子也要赶着回家去和家人团聚，在爆竹声中辞旧岁，烟花满天迎新春。除夕自古就有祭祖、守岁、团圆饭、贴年红、挂灯笼等习俗，流传至今，经久不息。

中华优秀传统文化·国际版·第一级

草船借箭

　　三国时期，曹操率80万大军想要征服东吴。孙权、刘备便打算联手抵挡曹操。因水中交战需要箭，因此迫切需要准备10万支箭。如何才能准备好10万支箭呢？刘备的手下诸葛亮对鲁肃说："这件事要请你帮我的忙。希望你能借给我20只船，每只船上30个士兵，船要用青布幔子遮起来，还要1000多个草靶子，排在船两边。不过，这事千万不能让别人知道。"

　　船只准备好了，诸葛亮秘密地请鲁肃一起到船上去，说是去取箭。诸葛亮吩咐把船用绳索连起来向对岸开去。江上大雾弥漫，对面都看不见人。当船靠近曹军水寨时，诸葛亮命船"一"字摆开，叫士兵擂鼓呐喊。曹操以为对方来进攻，又因为雾大害怕中埋伏，就派6000名弓箭手朝江中放箭，雨点般的箭纷纷射在草靶子上。过了一会儿，诸葛亮又命船掉过头来，让另一面受箭。太阳出来了，大雾要散了，诸葛亮命船赶紧往回开。此时顺风顺水，曹操想追也来不及。这时，船两边的草靶子上密密麻麻地插满了箭，每只船上至少五六千支箭，总共有20条船，总数远远超过了10万支。

　　诸葛亮可是中国历史上有名的智者，被称为"智绝"。他的智慧让很多"不可能"变成了"可能"。

中华优秀传统文化：国际版·第一级

经典诵读
古诗

九月九日忆山东兄弟

（唐）王维

独在异乡为异客，每逢佳节倍思亲。

遥知兄弟登高处，遍插茱萸少一人。

注释

①九月九日：农历九月初九即重阳节。古以九为阳数，故曰
　重阳。

②异乡：他乡、外乡。

③佳节：美好的节日。

④茱萸（zhū yú）：一种香草，即草决明。古时人们认为重
　阳节插戴茱萸可以避灾克邪。

译文

　　一个人独自在他乡作客，每逢节日加倍思念远方的亲人。想着远在故乡的兄弟们今日身佩茱萸登高望远时，也会因为少我一人而生遗憾之情。

　　这首诗写自己没有在家乡和亲人们欢度重阳佳节，想象家乡亲人重阳登高时一定会思念"我"这个身处异乡的亲人。这首诗也写出了重阳的习俗，你能找出有哪些吗？

通关检测

1.下面哪个传统节日又被称为"敬老节"？（　　）

A.春节　　　B.清明节　　　C.七夕节　　　D.重阳节

2.下面哪一项不是除夕的传统习俗？（　　）

A.祭祖　　　B.守岁　　　C.吃团圆饭　　　D.喝雄黄酒

3.试着背一背《九月九日忆山东兄弟》。

C中国河流与湖泊
hinese rivers and lakes

淮 河

淮河位于中国东部，刚好夹在长江与黄河之间。淮河全长 1000 千米，它是中国重要的地理界线，它把中国分成了南方和北方。通常情况下，淮河以南的地区气温比较高，雨水比较多；而淮河以北的地区冬天就比较冷了，雨水也比较少。

额尔齐斯河

额尔齐斯河是中国唯一流入北冰洋的河流。它流经中国、哈萨克斯坦和俄罗斯，经俄罗斯的鄂毕河注入北冰洋。水量在新疆仅次于伊犁河，号称新疆第二大河。额尔齐斯河沿岸风光壮美，有"银水"之美称。额尔齐斯河孕育了世界四大杨树派系（白杨、胡杨、青杨、黑杨），素有"杨树基因库"的美称。

哈拉哈河

中国有一条非常调皮的河流，叫哈拉哈河，它位于内蒙古阿尔山市的中蒙交界处，是中蒙两国的分界线。这条河流经了中国，然后流到了蒙古国，最后又转头流回中国的呼伦河。因此，这条河被人们称为中国"最调皮的河流"，哈拉哈河流域孕育了草原文化和文明。

岷　江

在古代，岷江时时威胁着中国四川成都平原的人们。每当下雨多的时候，成都平原就会发洪水。每当下雨少的时候，成都平原就会闹旱灾，为了让成都平原不再遭受这样的灾害，战国时期秦国蜀郡的李冰父子在岷江上修建了著名的都江堰水利工程。有了这项水利工程，岷江变得温和，成为成都平原的"母亲河"。

雅鲁藏布江

雅鲁藏布江是中国最长的高原河流，位于西藏自治区境内，也是世界上海拔最高的大河之一。雅鲁藏布江大拐弯处的雅鲁藏布江大峡谷是世界第一大峡谷，获得中国世界纪录协会的世界最深大峡谷、世界最长大峡谷两项世界纪录的认证。雅鲁藏布江流域富饶美丽，它哺育着两岸肥沃的土地，它是藏族人民文化的摇篮。

珠　江

珠江，又叫粤江，是中国境内第三长河流，全长 2320 千米。珠江主要流经中国南方地区，在广东省流入大海。珠江虽然没有黄河长，但是水量比黄河多。珠江是中国水量排名第二的河流（中国水量最大的河流是长江）。

黑龙江

　　黑龙江，是一条流经蒙古、中国、俄罗斯的大河。在古代，黑龙江还有其他好听的名字，如羽水、黑水等，总长约 4440 千米，是中国四大河流（包括黑龙江、黄河、长江、珠江）之一、世界十大河之一。2004 年，中国和俄罗斯签署最后边界协定，将两国国界以黑龙江为基本界限划清。

松花江

　　黑龙江在中国境内的最大支流叫作松花江。松花江是中国七大河之一，也是黑龙江省的母亲河。松花江鱼类资源十分丰富，全流域鱼类品种达 77 种，盛产大白鱼、鳜鱼、鲤鱼、草鱼、鳇鱼等。冬天的松花江和黑龙江都结了厚厚的冰，人们可以在江面上滑冰玩耍，甚至可以在江面上开动汽车，江两边的树上挂满了美丽的雾凇，恍如人间仙境。

怒 江

　　怒江发源于青藏高原的唐古拉山南麓的吉热拍格。从河源至入海口全长 3240 千米。怒江大峡谷是世界第三大峡谷。因它水急滩高，当地有"一滩接一滩，一滩高十丈"的说法，十分壮观。怒江的上游，被称为"那曲河"。进入云南境内以后，怒江水流在谷底咆哮怒吼，故称"怒江"，因为江水深黑，中国古代还把它称为"黑水河"。

中华优秀传统文化：国际版·第一级

滇 池

　　滇池，位于云南省昆明市境内。昆明湖、昆明池、滇南泽、滇海也是它的名字。滇池湖面面积330平方千米，是云南省最大的淡水湖，也是中国第六大淡水湖。滇池湖面海拔1886米，有"高原明珠"之称。

洱 海

　　洱海，位于云南大理郊区，为云南省第二大淡水湖。据说，因形状像一只耳朵而取名为"洱海"。洱海是白族人民的"母亲湖"，白族先民称为"金月亮"。"洱海月"是大理"风花雪月"四景之一。洱海湖水清澈见底，透明度很高，自古以来一直被称作"群山间的无瑕美玉"。

千岛湖

千岛湖，位于中国浙江省杭州市，千岛湖中共有大大小小的岛屿 1078 个，有蛇岛、鹿岛、猴岛等。千岛湖最著名的就是它优美的自然环境，千岛湖的水质十分好，是中国一级水体，在中国的湖泊中排第一位。湖水不用经任何处理，可以直接饮用，被誉为"天下第一秀水"。因为这样的特点，许多从事矿泉水生产的工厂都在千岛湖。

抚仙湖

抚仙湖，位于云南省玉溪市，湖水晶莹剔透、清澈见底，古人称为"琉璃万顷"。抚仙湖是中国蓄水量最大的湖泊，也是中国第二深的淡水湖泊，其蓄水量相当 15 个滇池和 6 个洱海。抚仙湖还拥有一处奇景！在湖东青鱼湾一带，夜游的青鱼仿佛在水中争相吞食明亮的月亮。因此，抚仙湖又被称为"青鱼戏月湖"，此景称"仙湖夜月"。

中国神话人物
Chinese mythological figures

黄 帝

古代华夏族有两位部落首领，一位是炎帝，另一位是黄帝。后来，黄帝统一了两个部落，带领百姓播种五谷，兴文字，制乐器，创医学，做了很多功绩。黄帝晚年的时候，发明了可以用来烹煮和盛贮肉类的器具鼎。黄帝又叫姬轩辕，所以中国人也称自己为"轩辕后代"。

炎 帝

炎帝部落的活动范围在黄河中下游。相传他长着牛头人身，他勤劳勇敢，被人们选为部落首领。他亲尝百草，发展用草药治病；他发明刀耕火种，创造了两种翻土农具，教人民垦荒种植粮食作物；他还领导部落人民制造出了饮食用的陶器和炊具。有一次，他采药尝百草时甚至中了毒。人们感念他在农业方面做出的贡献，亲切地称他为"神农大帝"。

蚩 尤

远古时期，黄河流域居住着三个强大的部落，首领分别是黄帝、炎帝和九黎族酋长蚩尤。他们都想打败对方，成为黄河流域的唯一统治者。

炎帝部落被蚩尤击败后，向黄帝求救，共同对付蚩尤。蚩尤带领兄弟八十一人在鹿涿与黄帝展开激战。经过激战，黄帝最终战胜蚩尤，击败了九黎部落。

嫘 祖

黄帝战胜蚩尤后，成了部落联盟首领。他带领大家种五谷，养动物，冶炼铜铁，制造生产工具。做衣服帽子的事，黄帝就交给自己的妻子嫘祖了。有一次，嫘祖和族人发现蚕丝可以做衣服。从此，在嫘祖的倡导下，人们开始了栽桑养蚕的历史。后人为了纪念嫘祖这一功绩，就将她尊称为"先蚕娘娘"。

共 工

共工是古代的水神，传说他人面蛇身，有红色的头发，性情十分暴躁。水神共工与火神祝融大战。共工失败，狼狈地向天边逃去，一直逃到不周山，一不小心把不周山撞断了。不周山是一根撑天的大柱，柱子一断，半边天空就坍塌下来，顿时天河倾泻，洪水泛滥。

后 羿

古时候，天空中出现了十个太阳，它们像十个大火团，烤焦了大地，人们在火海灾难中苦苦挣扎。有个神箭手叫后羿，后羿翻过了九十九座高山，蹚过了九十九条大河，来到了东海边。他瞄准天上的太阳，后羿一支接一支地把箭射向太阳，无一虚发，射掉了九个太阳。从此大地不冷不热，刚刚好。

禹

　　中国古时候有位治水英雄名叫禹。那时候，中原地带一直洪水泛滥，水患给人民带来了无穷的灾难。大禹跋山涉水，风餐露宿。他采取疏导治水的方法，使水能够顺利地向东流入大海。大禹为了治水，十三年里曾三过家门而不入。因为治水有功，舜把首领的位子传给了禹。

中国古代圣人
Ancient Chinese sages

曲圣关汉卿

被后人称为"曲圣"的关汉卿，他创作了许多有名的杂剧。其中最为著名的是《窦娥冤》。弱小的寡妇窦娥，在无赖的陷害、昏官的毒打下，屈打成招，被冤枉为杀人凶手，判斩首示众。后来人们便用"窦娥冤"来表示被人冤枉，受了很大的冤屈。关汉卿不仅擅长写剧本故事，还是元曲的写作名家，被誉为"曲圣"。

草圣张旭

李白的诗，裴旻的剑舞，张旭的草书被称为"唐代三绝"。草圣张旭的书法狂逸不羁，时而若狂风大作，万马奔腾；时而如高山般稳实；时而似流水般潺潺。大家赞其为"纸上的舞蹈"，都争着收藏他的书法作品。

茶圣陆羽

据说，陆羽刚出生，就被父母遗弃在路旁，一位名叫积公的高僧将其收养，并给他取名为"陆羽"。积公煮得一手好茶，亲自教授陆羽茶艺。少年陆羽心无旁骛，立志于研究茶事。陆羽不羡荣华富贵，专心研究，终于写成了中国乃至世界现存最早、最完整、最全面介绍茶的第一部专著——《茶经》。

酒圣杜康

传说黄帝时期，人们把吃不完的粮食储藏在山洞里，时间一久，粮食全部腐烂了。有个叫杜康的人，负责管理粮食，他就把腐烂的粮食全部倒进了干燥的大树干里。过了一段时间，他惊奇地发现原来盛粮的树干由里向外不断渗出清香的液体。杜康尝了几口，顿觉神清气爽。后来人们把这种美味的饮料称为"酒"，杜康也被人们尊称为"酒神"。

史圣司马迁

司马迁是一位史学家，他从小就立下志向要写出一部伟大的著作，来记载从孔子时代到汉朝时期的历史。所以他刚成年，就踏上漫游中国名山大川的艰苦历程，足迹几乎遍及全中国。每到一个地方，他都对当地的历史、地理、风土人情做了详细地记录。后来，司马迁用一生的心血完成了一部划时代的巨著——《史记》，他也被称为"史圣"。

中国古代发明创造
Inventions and creations in ancient China

木牛流马

三国时期蜀国的丞相诸葛亮不但用兵如神，而且还是一位了不起的发明家。其中，他发明了中国历史上极富传奇色彩的"木牛流马"。这种装置一次能运送大约四百斤以上的粮食行进几十里路，可以节约大量的人力。不过，由于资料记载不详细，木牛流马的行进方式、样貌，现在已经没人能说得清楚了。

风　筝

在两千多年前的春秋时期，中国有一位叫墨翟的人，传说他刻苦研究了三年时间，终于用木头制成了一只木鸟，这是人类最早的风筝。后来一位叫鲁班的能工巧匠用竹子代替木头，改进墨翟的风筝材质，造出了更轻便灵巧的风筝。从隋唐开始，民间开始用纸来裱糊风筝；到了宋代，放风筝成为人们喜爱的户外活动。

纸 币

中国最早的钱币是用贝壳代替，所以很多和金钱有关的汉字都是贝字旁。后来开始用铜钱和金银。银子比较重，携带不方便。中国北宋时期在四川地区发行了世界上第一张纸币，当时它的名字叫交子。中国成为世界上最早使用纸币的国家。纸币轻便，便于保管、携带，极大地促进了经济的发展。

龙骨水车

大概在东汉时期，中国的农民们就发明了一种十分省力的抽水工具，叫"龙骨水车"。它的样子就像一条龙的骨架横卧在河面上。它安放在河边，下端水槽和刮板直伸到水中，以人力踩动链轮，带动木链周而复始地翻转，装在木链上的刮板就能顺着水槽把河水提升到岸上，对农田进行灌溉。

漏 刻

早在两千年前的西周时期，中国人就发明了一种简单好用的计时工具——"漏刻"。它有一个漏壶，漏壶里盛上水，水中有一根标尺标出时间刻度，随着漏壶中的水不断漏出，水面就会随着时间而变化，人们就可以从标尺上看出当时的时间了。

中华优秀传统文化·国际版·第一级

中国传统节日美食
Chinese traditional festival food

春节美食

　　每年的正月初一，是中国人的春节。这是中国人最重视、最热闹、最盛大的一个传统节日。在中国北方地区，大年初一必定吃"饺子"。饺子是一种有馅的半圆形或月牙形的面食，样子就像金元宝。"饺子"和"交子"谐音，吃饺子是取 "更岁交子"，即新旧年在子时交替的意思。上海人大年初一则一般会吃年糕、云片糕等，寓意"年年高""步步登高"等。

元宵节美食

　　元宵节是春节之后的第一个重要节日。元宵节这一天，中国人要吃元宵。"元宵"作为美食在中国历史悠久，它开始流行于中国宋代的民间，也称"汤圆"。一般以白糖、玫瑰、芝麻、豆沙等为馅，用白糯米粉包裹并揉搓成圆形，有团圆美满的意思。

寒食节美食

寒食节，中国传统节日，它一般在清明节前一两日。节日期间禁烟火，只吃冷食。寒食节食品包括寒食粥、寒食面、寒食浆等。寒食节前后绵延两千余年，被称为中国民间第一大祭日，据说这个节日是为了纪念一个叫介子推的人。

清明节美食

每年公历 4 月 5 日左右为清明节。清明节既是传统节日，又是中国的二十四节气之一。清明节期间，江南一带有吃青团子的习俗。它是用一种植物的汁水混合糯米粉做成的绿色团子，清香扑鼻，也是古人用作祭祀的食物之一。

端午节美食

每年的农历五月初五就是端午节了。端午节是中国人非常重视的一个节日，已经有两千多年历史了。传说是为了纪念一个人叫屈原的爱国诗人。人们在端午节有吃粽子的习俗。北方粽以甜味为主，南方粽大多以咸为主。端午除了吃粽子，有的地方还有饮雄黄酒、吃咸鸭蛋等习俗。

七夕节美食

　　每年的农历七月初七被称为七夕节，也是中国的情人节。七夕节晚上，拜完织女后，人们还会聚在一起在月下吃桂圆、红枣、榛子、花生、瓜子，这五样东西简称"五子"。七夕节的食物以巧果最为出名。巧果又名"乞巧果子"，它以油、面、糖、蜜为主要材料，款式多，外形美，松脆酥香，非常好吃。

中秋节美食

　　农历八月十五，为秋季的第二个月，称为"仲秋"，也称"中秋"。中秋节月亮圆满，象征团圆，因而又叫"团圆节"。而中秋节最少不了的就是赏月吃月饼啦！月饼的口味众多，广式、滇式、京式……此外，中秋节习俗中还有饮桂花酒、品食鲜果、吃芋头蘸糖等。

重阳节美食

每年的农历九月初九，是中国传统四大祭祖的节日——重阳节。这一天中国人要吃传统重阳节食品——重阳糕，亦称"花糕"。重阳节，也叫敬老节，民间要蒸重阳糕孝敬老人。因为秋天正是菊花盛开的季节，所以重阳节也有喝菊花茶、饮菊花酒的习俗。

腊八节美食

农历十二月又叫腊月，腊月初八也是一个有趣的中国传统节日——腊八节。俗话说"小孩小孩你别馋，过了腊八就是年"。腊八节这天人们有喝腊八粥的习俗。腊八粥是一种在腊八节用多种食材熬制的粥，不同地区腊八粥的用料虽有不同，但基本上包括谷类、豆类、干果等。腊八粥不仅是时令美食，更是养生佳品。

除夕美食

除夕，又称大年夜、除夕夜、除夜、岁除等。是每年农历腊月（十二月）的最后一个晚上。除夕也就是辞旧迎新、万象更新的节日。除夕，中国人习惯相聚一堂吃年夜饭，所以，年夜饭也叫团圆饭。年夜饭上有一道菜必不可少，那就是鱼，谐音"年年有余"。